Ouvrage de la marque CHRISWORK

LE KIT

DU PLAN

SOUVERAIN

Copyright 2008 de l'édition Française

Les Éditions les Fruits de l'Esprit

Petit-bourg GUADELOUPE.

Tous droits réservés.

Sauf indication contraire les citations bibliques
sont tirés de la bible « Louis Segond »

Dépôt légal - Bibliothèque nationale de France
2009

ISBN 978-2-9520-7774-3

Fabrication: Books on Demand GmbH,
Norderstedt, Allemagne

Première impression : 2009

Première Publication : 2009

Préface

Dieu existe, et nous ne parlons pas de religion ou idéologie d'homme. Dieu existe comme ce monde existe puisqu'il l'a créé. Dieu est là sa présence par l'air que nous respirons à chaque instant nous prouve qu'il ne faillit point à sa parole. Il nous alimente et surtout nous garde debout. Le pouvoir du mal a envahi notre pays puisqu'il a d'abord envahie les cœurs. Ce pouvoir « destructeur » dans notre pays et dans ce monde est palpable. C'est vrai que cela confirme le verset qui parle des « derniers temps » Dieu a averti de l'état dans lequel serait ces individus, conduit par la vanité de ce monde et son système plus précisément.

Dieu existe et le temps d'un livre nous tâcheront de vous expliquer combien il vous aime et désire vous apporter la vraie vision de ce qu'il a programmé pour des êtres qu'il a conçu à son image.

INTRODUCTION

« A quoi ressemble se monde en date aujourd'hui ? »

Peur, crainte, plaisir confondu, agression en tout genre, et la méchanceté sous toutes ses formes.

Qui est le maître des lieux qui conduit ce peuple aveuglé par le pouvoir de la richesse, qui donne des produits avariés, et contaminés. Sans se soucier de leur destruction à l'échelle planétaire.

Apocalypse 21 nous parle de la puissance de l'air et le malheur de la terre car il y a **un être** en colère qui a été précipité sur elle, car il a voulu ce monde pour essayer de convaincre qu'**il** est au-dessus de Dieu le créateur.

Aujourd'hui après des milliers d'années, lorsque Dieu créa les être humains son but était qu'ils soient heureux, féconds, et surtout en contact permanent avec lui pour une vie extraordinaire. Tout le monde connaît l'histoire d'Adam et Eve. De leur désillusion concernant les mensonges de celui qui s'est **caché** dans le serpent.

Aujourd'hui encore **caché** derrière la fausse prospérité, qu'**il** fait miroiter à tous. L'homme « notre peuple » se laisser perdre sans broncher. Sans se dire mais la vie se n'est seulement se que voit nos yeux de chair, mais bien plus se qui est derrière le voile.

Qui aujourd'hui prend conscience qu'il se passe quelque chose de grave derrière se voile qui atteint tout le monde. Avons-nous le pouvoir d'influencer où d'arrêter, ce drame qui touche peut à peut tout les individus, petit et grand ?

Il y a quelqu'un qui est en colère et qui saccage se qu'il n'a pas créé, et qui surtout le dérange par son existence encore trop parfaite. La vie continue de couler, le soleil brille encore, les autres astres continuent leur course dans ce ciel presque limpide.

On pourrait se demander **qui** peut avoir **autant** de **haine** pour la planète et ses habitants au point de vouloir par toutes ces inventions, les cibler pour mieux les détruire.

Parler de tout cela ne nous révèle pas les projets que Dieu a formé pour les être humains, les promesses qu'il a faites et qui sont valides encore à notre époque. Deux testaments et le témoignage d'une femme brisée et restaurer pour affirmer que Dieu nous aime et que son programme depuis le tout début c'est un plan de création parfaite et non le contraire.

A chaque événement ou plus encore, à chaque action associons bien qui en est l'auteur.

Et quel sont ses vraies intentions. Analysons ensemble certains faits de notre époque, à la lumière des saintes écritures.

2. Pi 3,2 afin que vous vous souveniez des choses annoncées d'avance par les saints prophètes, et du commandement du Seigneur et Sauveur,

2Tim 3,1 Sache que, dans les **derniers** jours, il y aura des temps difficiles.

2Tim 3,2 Car les hommes seront égoïstes, amis de l'argent, fanfarons, hautains, blasphémateurs, rebelles à leurs parents, ingrats, irréligieux,

2Tim 3,3 insensibles, déloyaux, calomnia-teurs, intempérants, cruels, ennemis des gens de bien,

2Tim 3,4 traîtres, emportés, enflés d'orgueil, aimant le **plaisir plus que Dieu**,

1. Tim 4,1 Mais l'Esprit dit expressément que, dans les **derniers** temps, quelques-uns abandonneront la foi, pour s'attacher à des esprits séducteurs et à des doctrines de démons,

2. Pi 3,3 Dans les derniers jours, il viendra des moqueurs avec leurs railleries, marchant selon leurs propres convoitises,

Pour reprendre le premier verset énoncer « *afin que vous vous souveniez des choses annoncés.. .* »

Dieu demeure fidèle, l'homme continu dans sa lancée, mais nous tenons à rappeler que les choses sont écrites, les évènements s'accomplissent certainement. Dieu a toujours pris le soin de prévenir, d'avertir afin d éviter à l'homme les dangers qu'il ne perçoit pas surtout lorsqu'il est aveugler par la convoitise. Dans les autres versets présentés, vous constaterez que le comportement de l'homme conduit par la désobéissance, la rébellion et **son auteur**, nous conduit toujours au même résultat plein de conséquences sur toute la race humaine.

Souvent, j'ai entendu des athées prendre le prétexte, des évènements négatifs dans le monde pour maintenir leurs affirmations « *que Dieu n'existe* pas ».

Rappelons bien que tout ce que Dieu a crée est parfait et le demeure, tant que l'homme n'intervient pas. Mais malheureusement la terre est contaminée car ils se sont totalement investis à tout vouloir changer, cherchant toujours au fond d'eux-mêmes à usurper, ou peut être à rivaliser avec le grand créateur Et de ce fait « **ils & il** » détruisent tout ce qui les dérangent dans leur progression.

Combien d'espèces animal n'existent plus ou sont protéger pour essayer d'arrêter la dégradation de ce qui est beau. L'homme sous le pouvoir de l'**autre** qui n'est pas Dieu, et qui cherche à convaincre, comme pour l'histoire des premiers hommes. Des mensonges et encore des mensonges qui ne profite, qui n'avantage pas les êtres. Car en définitif dans le pouvoir leur pouvoir de création sans la vision de ce qui est éternelles et beau, ils font que leurs productions deviennent des polluants certains à grande ou moyenne échéances.

Donc il est certain que Dieu, demeure celui qu'il est. Un Dieu bon et compatissant, riche en bonté, et surtout très patient. Et le seul créateur attesté qui se prouve d'âge en âge. « Il tient la route ».

Il détient le seul pouvoir parfait. Qu'il garde en réserve pour ceux qui acceptent d'être conduit dans ce jardin qui avait été préparé dès la création première.

Genèse 1,2 La terre était informe et vide: il y avait des ténèbres à la surface de l'abîme, et l'esprit de Dieu se mouvait au-dessus des eaux.

Gn 2,8 Puis l'Eternel Dieu planta un jardin en Eden, du côté de l'orient, et il y mit l'homme qu'il avait formé.

Gn 2,16 L'Eternel Dieu donna cet ordre à l'homme: Tu pourras manger de tous les arbres du jardin;

Genèse 2,17 mais tu ne mangeras pas de l'arbre de la connaissance du bien et du mal, car le jour où tu en mangeras, tu mourras.

Maintenant nous sommes dans l'ère cruciale, que Dieu a annoncé « LES DERNIERS TEMPS »

1. Pi 1,5 à vous qui, par la puissance de Dieu, êtes gardés par la foi pour le salut prêt à être révélé dans les **derniers** temps!

Ce dernier programme annoncé, pour cette « fin des temps » est en phase de s'accomplir certainement.

A vous cher lecteur de comprendre très vite. Pour ceux qui seront assez intelligent pour renoncer à vivre dans irréalité, soyez conduit vers toute la vérité qui libère, affranchit et qui guérie de tout ces maux occasionner par l'irresponsabilité des deux esprits non soumis à la vérité.

Chapitre I

APOCALYSPE 12 et 13

AP 12,7   Et il y eut guerre dans le ciel. Michel et ses anges combattirent contre le **dragon**. Et **le dragon** et ses anges combattirent,

AP 12,8   mais ils ne furent pas les plus forts, et leur place ne fut plus trouvée dans le ciel.

AP 12,9   Et il fut précipité, le grand **dragon**, le serpent ancien, appelé **le diable** et **Satan**, celui qui séduit toute la terre, il fut précipité sur la terre, et ses anges furent précipités avec lui.

AP 12,12   C'est pourquoi réjouissez-vous, cieux, et vous qui habitez dans les cieux. Malheur à la terre et à la mer! Car **le diable** est descendu vers vous, animé d'une grande colère, sachant qu'il a peu de temps.

'

Et il y eut guerre dans le ciel. Michel et ses anges combattirent contre le **dragon**. Et le **dragon** et ses anges combattirent, Et il fut précipité, le grand **dragon**, **le serpent** ancien, appelé le **diable** et **Satan**, celui qui séduit toute la terre, il fut précipité sur la terre, et ses anges furent précipités avec lui.

AP 13,2 La bête que je vis était semblable à un léopard; ses pieds étaient comme ceux d'un ours, et sa gueule comme une gueule de lion. **Le dragon** lui donna **sa puissance**, et **son trône**, et une grande autorité.

La bête que je vis était semblable à un léopard; ses pieds étaient comme ceux d'un ours, et sa gueule comme une gueule de lion. **Le dragon** lui donna sa puissance, et son trône, et une grande autorité.
Il y eu une guerre dans le ciel... dans ces quatre versets le mot « DRAGON »constatez par vous-même le nombre fois qu'il est cité. Le symbole est aussi traduit « **Le dragon, le serpent ancien** » appelé le Diable et Satan...

AP 12,9 Et il fut précipité, **le grand dragon, le serpent ancien, appelé le diable et Satan**, celui qui séduit toute la terre, il fut précipité sur la terre

Dans le système actuel tout tourne autour de ces effigies et qui nous remettent dans le même contexte que lors de la tentation. Tous les kiosques virtuels sont sous l'emprise de la publicité centrer sur les Dragons, dans la quasi-totalité des émissions pour enfant les représentations du dragon apparaissent comme une marque d'appartenance. Soit dans le nom ou la conception. Le **Dragon** est toujours représenter. La question à ce posé pour ceux qui ont reçu le grand conseil de veiller,

1. Pi 5,8   Soyez sobres, **veillez**. Votre adversaire, le diable, rôde comme un lion rugissant, cherchant qui il dévorera.

Mc 13,33   Prenez garde, **veillez** et priez; car vous ne savez quand ce temps viendra.

Mt 26,41   **Veillez** et priez, afin que vous ne tombiez pas dans la tentation; l'esprit est bien disposé, mais la chair est faible.

Lc 21,36   **Veillez** donc et priez en tout temps, afin que vous ayez la force d'échapper à toutes ces choses qui arriveront, et de paraître debout devant le Fils de l'homme.

La grande question doit être, pourquoi cette nouvelle marque et surtout qu'elle est son but.

Tellement d'exemple pourrait être citez concernant les articles et les supports de cette nouvelles marque entre autres. Maintenant c'est à vous d'examiner de voir, de constater par vous-même. La **marque** est déjà dans touts les concepts. Ils font en sorte qu'elle soit toujours présente et active, **il** familiarise ce peuple aveugle à tous ces projets imminents.

C'est sans conséquences apparentes, les vêtements, et bien d'autres articles sont imprégnés par toutes ces marques physiques qui ne sont en faite qu'une préparation à l'effigie finale. Le Malin se crée un peuple, qui aveugler car toutes ses actions simuler, qui sans l'aide de l'Esprit de vérité, passe tout à fait inaperçu. Tous ceux pour la grande majorité qui adhèrent la mode sans comprendre, qui acceptent sans broncher, ce choix qui attribut le Diable comme « **Maître** » Ouvrez les yeux, si tout ce qui a été énoncer jusqu'ici n'était qu'une fable de mauvais goût, alors pourquoi le Diable exécute-il son plan comme prévu, si effrontément sans honte.

Il sait ce que Dieu a prévu pour ce monde, et lui, il n'est point en retard, et son œuvre n'est point bâclé. Tout ceux qu'il s'est choisit « les maître du monde » fabrique déjà tout les supports de la vraie marque final. Ils sont les maîtres d'œuvre, qui ont le contrôle pour familiariser et surtout faire accepter facilement le nouveau monde qui est presque créé.

La télé leur grande main à l'œuvre, le commerce ou le mot « **MALIN** » est très utiliser un autre de ses attributs.

« *Prix malin* »

Ce mot est citer seize fois dans la bible, et est il à chaque fois rattaché à la puissance du mal.

1Jn 5,19 Nous savons que nous sommes de Dieu, et que le monde entier est sous la puissance du **malin**.

Mt 6,13 ne nous induis pas en tentation, mais délivre-nous du **malin**. Car c'est à toi qu'appartiennent, dans tous les siècles, le règne, la puissance et la gloire. Amen!

Mt 13,19 Lorsqu'un homme écoute la parole du royaume et ne la comprend pas, le **malin** vient et enlève ce qui a été semé dans son cœur: cet homme est celui qui a reçu la semence le long du chemin.

Act 19,16 Et l'homme dans lequel était l'esprit **malin** s'élança sur eux, se rendit maître de tous deux, et les maltraita de telle sorte qu'ils s'enfuirent de cette maison nus et blessés.

1Jn 3,12 et ne pas ressembler à Caïn, qui était du **malin**, et qui tua son frère. Et pourquoi le tua-t-il? Parce que ses ouvres étaient mauvaises, et que celles de son frère étaient justes.

Le nom du Diable sous toutes ces formes, reviennent trop souvent, pour passer inaperçu. Dieu nous a avertis, que nul n'aura d'excuse.

Jn 15,22   Si je n'étais pas venu et que je ne leur eusse point **parlé**, ils n'auraient pas de péché; mais maintenant ils n'ont aucune **excuse**.

Plus rien n'est caché, toutes les œuvres sont maintenant à nu, le temps de prendre une l'ultime décision.

Un temps fixé pour tous ceux qui seront sous la garde du Dieu de toute Éternité, tous ceux qui oseront dire non dès maintenant à la « **marque physique** » celles que l'on voit. Et très bientôt sur le marché, à la marque digital du Diable.

Une simple puce de la grosseur d'un grain de riz, qui sera implanté sur l'être humain « sur le front ou sur la main droite »

Article, sites internet qui traite de ce sujet très important.

LA MICRO PUCE SOUS CUTANEE

« La menace ultime pour humanité »

C'est un phénomène de la société qui va lentement amener notre monde a la globalisation; pour cela, les américains ont eu un projet qui avais pour but de créer un gouvernement mondiale unique, qui identifierait et contrôlerait chacun des individus. Ces dirigeant ont décidé de forcer les gents de tous les pays à accepter l'implant d'une micro-puce électronique "Digital " sous la peau. Cet implant regroupera à lui-seul toutes les informations vous concernant à tout moment par le biais d'une liaison satellite.

C'est la réalité. Un pays (…), l'an passée 15000 bébés y ont été implantés d'office, un autre pays (…) le personnel de tous ses banques ainsi que les militaires ont reçu l'ordre d'accepter cette puce, *Vérifier sur internet si vous chercher des preuves! Cette puce est actuellement commercialisée.*

Comment "on" essaiera de nous faire accepter cette maudite micro-puce

Comme nous l'avons dit ci-dessus, on nous présentera la micro-puce sous-cutanée sous ses meilleurs aspects afin de nous la faire accepter et de " faire passer la pilule ". Mais n'oubliez jamais une chose : si vous vous faites implanter cette saleté dans le corps, c'en sera fini de votre libre arbitre, de votre vie privée et de votre liberté !

Voici donc quelques arguments " mielleux " qui ont été présentés par (...). La micro-puce " digital " sera susceptible d'être utilisée pour :

1.   la sécurité dans le nouveau domaine du réseau Internet et dans toute transaction impliquant des échanges électroniques (commerce électronique).
2.   la recherche et le sauvetage d'individus incluant les enfants perdus ou pris en otage etc.
3.   le monitoring médical de patients à risque

4. la surveillance, le pistage et le suivi de militaires, de diplomates ou de tout autre membre important d'un gouvernement
5. le pistage, la surveillance et la vérification de l'authenticité de biens de haute valeur
6. le pistage, la localisation et le suivi des pistes ou sillages laissés par les enthousiastes de sports sauvages, et qui auraient pu se blesser gravement à la suite d'un accident

Quel humanisme ! ! !

Remarquez bien que les mots " surveillance ", " pistage ", " recherche ", " localisation " et " vérification " reviennent de façon récurrente et même quasiment obsessionnelle !

On reliera ces " bienfaits " de la micro-puce à des événements très graves qui se seront produits et qui, grâce à la micro-puce bien sûr, ne se reproduiront plus jamais (ces événements auront même éventuellement été créés à cet effet ou délibérément voulus ; un attentat terroriste, un meurtre particulièrement odieux ou un enlèvement spectaculaire, par exemple), mais aussi à des facilités, notamment financières ou de sécurité (" Avec cette puce sur vous, on ne vous volera plus votre argent ni votre carte de banque ! " ; " Plus de terroristes dans les aéroports : il seront identifiés bien avant leur arrivée !", etc.). Et puis, la micro-puce, ce sera " cool " ! C'est l'incarnation du progrès " que l'on ne peut de toute façon pas arrêter "...

Reste à savoir de quel type de progrès on parle !!!

Les arguments financiers sont en tout cas très importants pour le développement de la micro-puce : **n'oublions pas que dès sa conception, la micro fut pensée en termes de gouvernement mondial ET DE MONNAIE UNIQUE !!!** Il suffira de passer sa main (ou son front) devant un scanner ad hoc, et votre " compte en banque virtuel " sera débité automatiquement du montant de vos achats. Très vite, on tentera de remplacer les cartes de banque, la monnaie et leurs " faiblesses " par la micro-puce " imbattable et hyper pratique ". Vous croyez qu'il s'agit ici d'une pure spéculation ? Pas si sûr ! Ainsi, par exemple, un certain professeur qui s'était fait implanter la micro-puce a déclaré il n'y a pas si longtemps, lors d'une émission sur une chaîne (intitulée " **Souriez, vous êtes surveillés** ") que "bientôt les cartes bancaires (et bien sûr aussi la carte d'identité, le passeport, la carte de sécurité sociale etc.) seront remplacées par un implant électronique dans le corps " !!!

Et que voyons-nous aujourd'hui ? Que la micro-puce a contaminé une douzaine de pays et se répand sur la planète !!!

Soyez-en sûr, « la micro », conçue dans une optique de monnaie unique et mondiale, sera proposée dans un premier temps, puis imposée systématiquement comme l'unique moyen de paiement et d'achat " valable ", et ce pour les (fausses) raisons citées plus haut.

Quelques images

Que vous pouvez retrouvez, dans leur contexte explicatif Sur les sites

« Puce digitale»

Ap 13,16   Et elle fit que tous, petits et grands, riches et pauvres, libres et esclaves, reçussent une **marque** sur leur main droite ou sur leur front, « image n° 3 »

Ap 14,9   Et un autre, un troisième ange les suivit, en disant d'une voix forte: Si quelqu'un adore la bête et son image, et reçoit une **marque** sur son front ou sur sa main,

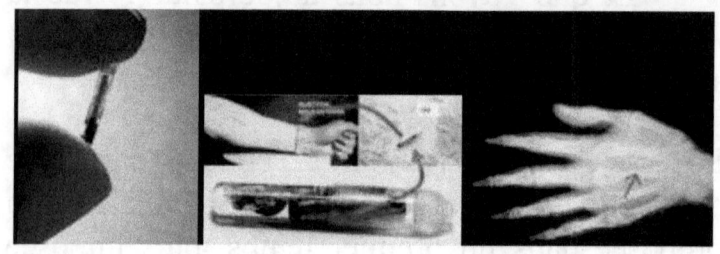

Une simple marque digitale « un puce en autre » et vous serez dans le contexte annoncé « marquer ». Nombreux sont ceux qui porte déjà cette apparence de la marque, sans réfléchir, Apocalypse 13.18. « C'était annoncé »

Ap 13,8   Et tous les habitants de la terre l'adoreront, **ceux** dont le **nom n'a pas été écrit dès la fondation du monde dans le livre de vie de l'agneau qui a été immolé.**

Ap 13,18 C'est ici la sagesse. Que celui qui a de l'intelligence calcule le nombre de la bête. Car c'est un nombre d'homme, et son nombre est six cent soixante six.

> **Car c'est un nombre d'homme et son nombre est six cent soixante six"** = 666

LUCIFER = 666 Lucifer est légion ???   **SATANS = 666**

Le nombre de sont nom. Les différents SYMBOLES, s'ils sont traduit, c'est-à- dire calculer selon la méthode des romains qui donne des valeurs en chiffre au lettre. Nombreuse de ses marque ou encore les symboles surtout chinois, car cette nation dans sa quasi intégralité, à déjà fait son choix. Le dragon est leur emblème tout le monde le sait. Si ce calcul est bien fait, il vous donnera la somme égale au NOMBRE de son nom le **dragon** ou **le serpent ancien, le Diable. Ou tout simple le « 666 »**

Le choix déterminant qui devra se faire, ne sera pas facile car il est bien averti, dans ce verset que l'on ne pourra rien faire sans cette marque. L'essentiel et la démarche de ces explications c'est de présenter la vérité à la lumière des Saintes écritures.

Le grand livre PROPHETIQUE la parole de Dieu, souvent controversé, mais à l'aube de toute ses révélations qui s'accomplissent. Nous pouvons dire sans l'ombre d'un doute que ceux qui ont reçu ses paroles, ont bien reçu ces révélations, de l'ESPRIT DE VERITE, l'esprit de Dieu.

Pour que votre choix soit valider et équitable il est essentiel que vous acceptiez après avoir bien pris connaissances des conditions, les exigences, et les obligations des deux parties concernés, pour que la demande soit pris en compte pour être ensuite, « ACCEPTE » le choix est fait. Nul ne devra avoir d'excuses valable pour passer outre cette décision vital et final.

Retenez bien que tout ce qui se fait derrière le pouvoir de yeux et très important, il n'y a pas de place pour le hasard, tout est bien acheminer et calculer. Car ces prophéties s'accomplissent à la lettre.

Mt 5,18 **Car, je vous le dis en vérité, tant que le ciel et la terre ne passeront point, il ne disparaîtra pas de la loi un seul iota ou un seul trait de lettre, jusqu'à ce que tout soit arrivé.**

CHAPITRE II

MENACES ET ATTAQUES
Apocalypse 3-11

Je viens bientôt. Tiens ferme ce que tu as, afin que personne, ne prenne ta couronne".

Ce premier chapitre prendra son Ascension par ces premiers versets :

1Thes 2,3   Car notre prédication ne repose ni sur l'erreur, ni sur des motifs impurs, ni sur la fraude;

1Thes 2,4   mais, selon que Dieu nous a jugés dignes de nous confier l'Evangile, ainsi nous parlons, non comme pour plaire à des hommes, mais pour plaire à Dieu, qui sonde nos cœurs

« L'apostasie qui se traduit, par le temps de l'accomplissement du dernier livre l'apocalypse ou encore la Révélations.

2Thes 2,3   Que personne ne vous séduise d'aucune manière; car il faut que **l'apostasie** soit arrivée auparavant, et qu'on ait vu paraître l'homme du péché, le fils de la perdition,

L'Apostasie le temps du choix ou du reniement.

Le temps permis et accorder au Diable pour se révéler sous son vraie jour afin que tout un chacun dans son âme et conscience puisse faire l'ultime choix qui déterminera, où passerez vous votre éternité. Y a deux choix et il y aura deux options, il y a deux Maître, lequel Choisirez-vous.

Tout un chacun à le droit à la parole, car ce choix n'est pas universel ou collectif mais il est, personnel et Individuel. Nul ne pourra décider pour autrui nous parlons ici d'individu responsable et capable. Personne dans ce temps d'apostasie ne pourra échapper à cet ultime choix. Choisirez-vous le malin et la rébellion ou alors choisirez-vous la sagesse du bien qui vous conduira à la vie. Qui aurez-vous pour Maître le Déchu que l'on appel le fils de la rébellion qui par jalousie a convoité le trône de

Dieu et qui s'évertue à cause de son expulsion, à vouloir détruire cette création de Dieu en faisant venir le malheur sur la race humaine !

Choisirez-vous d'être utiliser par le Diable comme une arme de vengeance. Où choisirez-vous de vivre, à l'abri du malheur, dans le sein de christ qui se tient debout comme avocat pour imposer silence à l'accusateur des êtres.

1Jn 2,1 Mes petits enfants, je vous écris ces choses, afin que vous ne péchiez point. Et si quelqu'un a péché, nous avons un **avocat** auprès du Père, Jésus-Christ le juste.

Choisirez-vous Dieu ou le Diable!

1. Cor 10,21 Vous ne pouvez boire la **coupe** du Seigneur, et la **coupe** des démons; vous ne pouvez participer à la table du Seigneur, et à la table des démons.

La parole nous dit " *Si tu n'es ni chaud ni froid, je te vomirais...*" ou encore " *les lâches...* " Il n'y aura pas de terrain! Neutre.

Ap 3,16   Ainsi, parce que tu es tiède, et que tu n'es ni froid ni bouillant, je te **vomirai** de ma bouche.

Ap 21,8   Mais pour les **lâches**, les incrédules, les abominables, les meurtriers, les impudiques, les enchanteurs, les idolâtres, et tous les menteurs, leur part sera dans l'étang ardent de feu et de soufre, ce qui est **la seconde mort**.

Ap 20,14   Et la mort et le séjour des morts furent jetés dans l'étang de feu. C'est la **seconde** mort, l'étang de feu.

Soit vous serez en guerre donc au combat contre la contrefaçon = mensonge, ou alors vous serez indécis donc victimes. Vous devrez faire un choix. Chaud et froid «*vous sont détaillés dans le chapitre suivant*». A savoir que les mêmes règles sont appliquées dans les deux camps.

Pas de partie pris, pour les nonchalants, les faveurs particulières ne seront point applicables.

Ceux qui sont pour le Déchus ont déjà fait leur choix et reçoivent leur marque, et ceux qui ont choisit LE DIEU D'ETERNITE « en ce donnant à jésus » ont également déjà pris position et ont déjà reçu la marque de l'ÉTERNITÉ Apocalypse 3,20 - 7,3.

Ap 3,20   Voici, je me tiens à la porte, et je frappe. Si quelqu'un entend ma voix et ouvre la porte, j'entrerai chez lui, je souperai avec lui, et lui avec moi.

Ap 3,21   Celui qui vaincra, je le ferai asseoir avec moi sur mon trône, comme moi j'ai vaincu et me suis assis avec mon Père sur son trône.

Ap 7,3   Ne faites point de mal à la terre, ni à la mer, ni aux arbres, **jusqu'à ce que nous ayons marqué du sceau le front des serviteurs de notre Dieu**.

LES MENACES ET LA MARQUE

Apocalypse 13,16... " *Elle fait que tous, les petits et les grands, les riches et les pauvres, les hommes libres et les esclaves, reçoivent une marque sur la main droite ou sur le front, et que nul ne puisse acheter ni vendre, sans avoir la marque, le nom de la bête ou chiffre de son nom...*

La marque ou le nombre de son nom. Qui n'a pas entendu parler du 666, nombre imager, mystifié, mais dont le vrai sens est complètement caché. Le nombre de son nom, le nom de qui sera porter et infliger à cette Humanité tellement empêtrer dans la luxure et la faciliter de ce modernisme. Le nom nous dit la bible sera celui qui,

Ap 13,2 La bête que je vis était semblable à un léopard; ses pieds étaient comme ceux d'un ours, et sa gueule comme une gueule de lion. Le dragon lui donna sa puissance, et son trône, et une grande autorité.

Ap 13,3 Et je vis l'une de ses têtes comme blessée à mort; mais sa blessure mortelle fut guérie. Et toute la terre était dans l'admiration derrière la bête.

Ap 13,4 Et ils adorèrent le dragon, parce qu'il avait donné l'autorité à la bête; ils adorèrent la bête, en disant: Qui est semblable à la bête, et qui peut combattre contre elle?

Ap 13,8 Et tous les habitants de la terre l'adoreront, ceux dont le nom n'a pas été écrit dès la fondation du monde dans le livre de vie de l'agneau qui a été immolé.

Ap 13,9 Si quelqu'un a des oreilles, qu'il entende!

Ap 13,16 Et elle fit que tous, petits et grands, riches et pauvres, libres et esclaves, reçussent une marque sur leur main droite ou sur leur front,

Ap 13,17 et que personne ne pût acheter ni vendre, sans avoir la marque, le nom de la bête ou le nombre de son nom.

Ap 13,18 C'est ici la sagesse. Que celui qui a de l'intelligence calcule le nombre de la bête. Car c'est un nombre d'homme, et son nombre est six cent soixante six.

666 OU 999

Vous contrasterez, que Le Diable se cache toujours si l'Esprit de vérité ne montre pas les choses ou les évènements dans leur vrais réalités « à la lumière des saintes écritures » Tout semblent passer inaperçues.

Les prix actuel leur affichage ont toujours tendance à se terminer par

9,99

Ap 13,2   La bête que je vis était semblable à un léopard; ses pieds étaient comme ceux d'un ours, et sa gueule comme une gueule de lion. **Le dragon « lui » donna sa puissance, et son trône, et une grande autorité.**

Ap 13,7   Et il « **lui** » fut donné de faire la guerre aux saints, et de les vaincre. **Et il lui fut donné autorité sur toute tribu, tout peuple, toute langue, et toute nation.**

Qui est « lui »?

L'humanité non dans son intégralité, va bientôt porter la marque du nom de ce pouvoir. Le nom de la Bête ou le chiffre de son nom. La bible dit dans le chapitre 3.22 et 13.17, **que celui qui a des oreilles écoute et que celui qui a de l'intelligence calcule".**

> **Car c'est un nombre d'homme et son nombre est six cent soixante six" = 666**

LUCIFER = 666 Lucifer est légion   SATANS = 666   DRAGON = 666

D'après le témoignage de l'auteur du livre « rescapé de l'enfer » qui a expérimenté le monde parallèle « il était médium et sorcier » dans cet ouvrage il raconte sa rencontre avec la puissance du Grand Dieu. Juste un petit passage de ce livre, ou il démontre combien les mensonges du diable ne tiennent pas la route. Tôt ou tard la vérité se révèle. Car nul n'aura d'excuse.

« Le voleur ne vient que pour dérober, égorger et détruire... (Jean 10 : 10) :

Je fus irrésistiblement entraîné à la mort sans même m'en rendre compte. Je voyais toute ma vie en rose, soutenue en tous points par Dieu, sans condition, ni frais, ni sacrifice...
Mais c'était le voleur qui m'entraînait peu à peu hors de la bergerie. Il avait pour émissaire ce Curé, qui affichait toutes les apparences de la piété. Cet homme de Dieu, comme tout le monde le croyait.

Puisque le voleur s'était emparé de moi et m'avait entraîné hors de la bergerie, la conséquence fut que je commençai à éprouver de la répugnance envers l'idée de Dieu, de la messe, etc.

Une nouvelle destinée :

Au début du mois d'Août 1985, je rendis visite à un cousin dans la zone de NGABA, au N° 20 de la rue KINGULU. Son épouse me demanda de l'accompagner à une réunion de prière Pendant qu'ils intercédaient, j'étendis ma main astrale (la main de mon corps spirituel) pour bloquer leurs prières. Je sentis alors un feu Puissant qui me brûlait. Toutes mes tentatives échouèrent, et je continuai à les regarder faire.

LA Parole de Dieu qui fut prêchée ce jour-là toucha mon cœur.

Cette Parole, prêchée par le frère BEYA WETU, décrivait la manière dont le prophète ELIE avait arrangé le bûcher et invoqué l'Eternel pour consumer l'offrande (1 Rois 18 :30-40).

Un an de combats pour ma délivrance :
Je me retrouvai complètement dépouillé de tout, pour recommencer ma vie à zéro. Ce ne fut pas facile à supporter, mais la main de Dieu fut constamment sur moi pour m'épargner le pire.

Je fus suivi par un groupe de prière situé dans la zone de BANDALUNGWA. C'est là que je reçus aussi une délivrance complète. Ma délivrance dura UN AN !......

Dans cet ouvrage vous pourrez lire les passages suivants très explicatifs concernant la marque spirituelle du nombre de son nom.

L'esprit de Dieu nous en parle, ***comme une marque physique, un sceau sur la peau.*** Mais je bénis Dieu d'avoir extrait certain individu du satanisme afin d'apporter une aide qui permet de mieux comprendre le monde Spirituel et la vraie réalité du monde actuel.

Souvent j'entendais la voix de L' Saint-Esprit me répétait, et me donnait à comprendre que la vision que nous avons de ce monde est erroné. Il m'expliquait, qu'aujourd'hui avec nos yeux de chair nous étions bien loin de la réalité actuelle. En surface cela tend à ressembler au paradis terrestre, mais derrière se mascara se cache une réalité très effrayante.

Mais lorsque nous comparons l'expérience de cet auteur à d'autres, puisqu'il n'est pas le seul à avoir été sauvé de cette condamnation. Je puis comprendre avec l'aide de l'Esprit que la réalité de ce monde et réellement cette face caché.

Sous la direction du Saint-Esprit laissez-vous conduire, pour échapper du **camp de « ni chaud ni froid, le lâche »**

Cet auteur, nous explique la marque spirituelle du 666. À tout ceux qui n'aime pas consulter les saintes écritures, qui la garde comme un objet de décoration qu'il est essentiel de posséder, sans plus. J'ose vous donner pousser par l'Esprit de Dieu, ce conseil gratuit. Allez piocher dans ces révélations, et ces promesses pendant qu'il encore temps et que vous l'avez encore entre les mains car bientôt un édit de la Bête supprimera l'accès libre à ce livre très précieux de par son contenu. « Puisque les événements prédits se réalisent » il détient la vérité.

2 Timothée 3.2... Car dans les derniers temps, les hommes seront [**égoïstes, amis de l'argent, fanfaron, orgueilleux, blasphémateur rebelles à leurs parents, ingrat, sacrilèges, insensible, implacables] calomniateurs, sans frein, cruels, ennemis des gens de biens traîtres, emportés, enflés d'orgueil, aimant leur plaisir plus que; Dieu.**

Dieu a utilisé efficacement, Cet auteur afin de mettre l'accent sur ce point qui nous a éclairés et donner à mieux analyser ceux qui nous entourent et qui font partie intégrante de notre quotidienne.

Voici l'explication tout à fait concluant que nous soutiendrons à cent pour cent, si nous prenons comme référence les saintes écritures la parole de Dieu qui dit :

Apocalyse13-18 C'est ici la sagesse, *Que celui qui à de l'intelligence* **calcule**...

L'application de la marque de la bête se fera de deux manières:

La première sera spirituelle, par la corruption totale de la morale et de l'abandon du chemin de la Vérité. Ceci correspond à 18 qualificatifs, que l'on peu regrouper en trois séries de 6 chiffres, formant le 666.

2Timothée 3; 2-4 « égoïste, amis de l'argent, fanfaron, orgueilleux, blasphémateurs, rebelle

à leurs parents (6), ingrats, irréligieux, insensibles, déloyaux, calomniateurs, intempérants (6), cruels, ennemis des gens de biens, traîtres, emportés, enflés d'orgueil, aimant le plaisir plus que Dieu (6.)

Trois groupes de six actions déloyales que Dieu réprimande. Je crois toujours de par l'esprit, que tout un chacun prendra un grand temps de s'examiner et de se remettre en question. Afin de déterminer dans lequel des camps vous vous situez, en ces derniers instants, avant cet enlèvement des Saints, des êtres régénérer, préparer par les soins du Saint-Esprit.

LA MARQUE TERRESTRE et ses conséquences. LE chapitre 13 *Du livre de la révélation, nous dit, le verset 16... Elle fait que tous les hommes, petits et grands, riches et pauvres, les hommes libres et les esclaves, reçoivent une marque sur la main droit ou sur le front, et nul ne puissent acheter ni vendre, sans* *ave la marque, le nom de la bête ou le chiffre de son nom.*

A première vue cela nous semblera simple, pas *contraignant, etc... Gardons présent dans notre esprit, que le* Diable ne fait jamais de cadeaux. Tout ce qu'il projette a pour conséquence ce depuis la nuit des temps l'*extermination totale de ce qui est bon.* Son grand but au travers de ce marquage sera le : contrôle de cette humanité diviser en deux camp car le Seigneur de la vie n'ai pas encore venu récupérer son peuple qui sera directement attaquer lors de ce marquage qui mettra fin aux derniers instants de liberté, l'esclave moderne et subtile, va faire son entrer. Tout sera sur le pouvoir du Diable, le temps permis par Dieu.

Les êtres seront marqués et rigoureusement garder sous contrôle.

Tirer de l'édit de ce même auteur dont nous vous citons ces passages, afin que vous compreniez bien l'importance de ce qui se prépare. Afin que vous compreniez mieux:

L'explication suivante. Il nous cite les lois qui ont déjà été voté concernant l'application de la marque dont voici ces 16 articles :

Article 1 Personne ne pourra expédiez de lettre par voie postale sans la marque.

Article 2 Personne ne pourra être employé dans une entreprise sans avoir cette marque.

Article 3 Aucun enfant ne pourra étudier si ses parents ne portent pas cette marque.

Article 4 Tous les armements seront placés sous l'autorité de l'organisation mondiale unique, et personne ne pourra les acheter ou les vendre sans cette marque.

Article 5 Personne ne pourra acheter ni vendre des produits alimentaires, ni être exploitant, sans cette marque.

Article Personne ne pourra effectuer des opérations bancaires sans cette marque.

Article 7 Si quelqu'un n'accepte pas ou agit à l'encontre de ces articles, il sera sévèrement puni, jusqu'à la peine de mort.

Article 8 Personne ne pourra voyager sans cette marque.

Article 9 Tous les engins d'exploitation spatiale seront placés sous l'autorité de l'organisation mondiale unique.

Article 10 Personne ne pourra rien importer ni rien exporter sans avoir cette marque.

Article 11 Il n'y aura qu'une seul monnaie universelle.

Article 12 Il y aura une église unique, et tous les membres de cette église mondial célébreront leur culte le dimanche.

Article 13 La pauvreté et la misère seront éliminé. Les conditions de vie dans les pays en voie de développement, seront améliorées.

Article 14 Personne ne pourra pratiquer la chasse ou le pêche sans avoir cette marque.

Article 15 *toutes les entreprises de transport du monde seront particulièrement bien traitées.*

Article 16 *Personne ne pourra recevoir des soins dans un hôpital sans avoir cette marque.*

LE NOUVEAU MONDE

Les choses commence à prendre forme, le monde paradisiaque tend à avoir une autre image, si tu veux être libre de tes actes tu devras subir les sanctions équivalente...

La mort.

Attention se n'est que la partie immergé de cette vie qui arrive à grand pas ou tous est informatiser, toute la facilité et la luxure sont centrer et installer sur ces support connecter aux différents satellites les lieux idéale pour tous contrôler « *image ci-jointe page 23* ». Cette vie sera pour tous ceux qui prendront la marque et ses conséquences. Mais séparation d'avec Dieu et le droit à l'enfer Eternel lors du jugement dernier.

Ap 19,11   Puis je vis le ciel ouvert, et voici, parut un cheval blanc. Celui qui le montait s'appelle Fidèle et Véritable, et il juge et combat avec justice.

Ap 19,12   Ses yeux étaient comme une flamme de feu; sur sa tête étaient plusieurs diadèmes; il avait un nom écrit, que personne ne connaît, si ce n'est lui-même;

Ap 19,13   et il était revêtu d'un vêtement teint de sang. Son nom est la Parole de Dieu.

Ap 20,2   Il saisit le dragon, le serpent ancien, qui est le diable et Satan, et il le lia pour mille ans.

Ap 20,3   Il le jeta dans l'abîme, ferma et scella l'entrée au-dessus de lui, afin qu'il ne séduisît plus les nations, jusqu'à ce que les mille ans fussent accomplis. Après cela, il faut qu'il soit délié pour un peu de temps.

Ap 20,11   **Puis je vis un grand trône blanc, et celui qui était assis dessus. La terre et le ciel s'enfuirent devant sa face, et il ne fut plus trouvé de place pour eux.**

Ap 20,12   **Et je vis les morts, les grands et les petits, qui se tenaient devant le**

trône. Des livres furent ouverts. Et un autre livre fut ouvert, celui qui est le livre de vie. Et les morts furent jugés selon leurs œuvres, d'après ce qui était écrit dans ces livres.

20,13 **La mer rendit les morts qui étaient en elle, la mort et le séjour des morts rendirent les morts qui étaient en eux; et chacun fut jugé selon ses ouvres.**

Ap 20,15 **Quiconque ne fut pas trouvé écrit dans le livre de vie fut jeté dans l'étang de feu.**

Ap 21,1 Puis je vis un nouveau ciel et une nouvelle terre; car le premier ciel et la première terre avaient disparu, et la mer n'était plus.

LA mort *physique* est la sanction qui s'appliquera au refus de la marque du Diable. Mais la mort **Éternel** énoncer dans le chapitre 20 du livre de l'apocalypse, sera la sanction qui s'appliquera à tous ceux qui choisiront de prendre la marque de la Bête et de son monde. Cette fin atroce, sera la sanction de Dieu, pour tous les hommes dont le nom ne sera pas inscrit dans le livre de la vie.

Ceux qui accepteront de dire oui au Diable et non A La vie et au sacrifice de Jésus.

Ces révélations vous sont servit dans la limite des temps. Le compte à rebours est lancé, ceux qui voudront se délecter dans l'oisiveté, symbolisé dans le livre de *Matthieu 12, **Les vierges folles***. Ceux qui jusqu'ici se sont laissés bercer par les mouvements sans laisser à Dieu et à son courant céleste le soin de ressusciter, régénérer, de les préparer en gros. Ce qui à impliquer auparavant qu'il y a eu *mort d'homme,* "le pouvoir de la chair" la peur, les faiblesses, la lâcheté... la non prise de position, toute ces actions et sentiments qui disparaissent, lors de notre passage dans le sépulcre spirituel, qui vous ai détaillé dans le livre "le kit du parfait combattant». Tous ceux qui se laisseront convaincre en acceptant de prendre la marque, au lieu d'avoir à affronter les privations, pour un temps déterminé. **Un temps des temps la moitié d'un temps. Trois ans et demi. Quarante deux mois. Mille cent vingt cinq jours.**

Ap 13,5 et il lui fut donné le pouvoir d'agir pendant **quarante**-deux mois.

Dan 12,12 Heureux celui qui attendra, et qui arrivera jusqu'à mille trois cent trente-cinq jours!

LA vie qui sera offerte très bientôt par se monde et son système contrôler par un seul et même individu, le prix à payer, car rien n'est offert.

Sera pour tous ceux qui choisiront l'oisiveté au sacrifice, se prix sera, la sentence de Dieu pour les lâches. *La souffrance Éternel dans l'étang de feu, une souffrance qui ne Finira jamais,* imaginer vos vies dans un feu intensifier sept fois plus que le feu actuel, et dans lequel vous ne consumer point, pour vous dire en gros que la souffrance sera sans fin, interminable. Se sont les paroles de la bible énoncer, comme avertissements par Dieu, pour tous les idolâtres. Se ne sont point mes propres conclusions, je n'ai pas ce pouvoir, sinon celui d'annoncer la vérité selon L'esprit de Dieu avec la sainte parole comme référence. Ces explications, ces vérités vous sont expliquer dans le livre de la Révélation le livre de l'apocalypse. Et par les témoignages de ceux qui étaient impliqué dans le satanisme qui servaient le Diable sans trop connaître les conséquences de leur activité, celui de Sorcier, Devin,

Dt 18,10   personne qui exerce le métier de **devin**, d'astrologue, d'augure, de magicien,

Dt 18,11   d'enchanteur, personne qui consulte ceux qui évoquent les esprits ou disent la bonne aventure, personne qui interroge les morts.

Deutéronome 18,12   Car quiconque fait ces choses est en abomination à l'Eternel; et c'est à cause de ces abominations que l'Eternel, ton Dieu, va chasser ces nations devant toi.

Voici ce témoignage qui donne une idée précise de

La réalité de l'Enfer « l'histoire du pauvre Lazard et l'homme riche »

Luc 16,22 Le pauvre mourut, et il fut porté par les anges dans le sein d'Abraham. Le riche mourut aussi, et il fut enseveli.

Luc 16,23 Dans le séjour des morts, il leva les yeux; et, tandis qu'il était en proie aux tourments, il vit de loin Abraham, et Lazare dans son sein.

Luc 16,24 Il s'écria: Père Abraham, aie pitié de moi, et envoie Lazare, pour qu'il trempe le bout de son doigt dans l'eau et me rafraîchisse la langue; car je souffre cruellement dans cette flamme.

Luc 16,25 Abraham répondit: Mon enfant, souviens-toi que tu as reçu tes biens pendant ta vie, et que Lazare a eu les maux pendant la sienne; maintenant il est ici consolé, et toi, tu souffres.

Luc 16,26 D'ailleurs, il y a entre nous et vous un grand abîme, afin que ceux qui voudraient passer d'ici vers vous, ou de là vers nous, ne puissent le faire.

Tout le monde devra faire un choix en toute connaissant de cause, personne, nul ne sera exempter.

Pour vous frères et sœurs qui avez déjà accepté la vie de christ, son sacrifice. Que les sentiments de frayeur ni d'inquiétude ne vous gagnent point, une œuvre de préparation et en action dans vos vies, souffrir aux travers des diverses épreuves, maintenant afin que la faiblesse soit extrait de vos êtres et que la vie de christ qui a déjà affronter la mort corporel et la vaincu, puisse accomplir son œuvre.

Dieu a donné des instructions aux anges qui prendront soins de ceux qui garderont leur foi dans les promesses de Dieu. UN TEMPS DES TEMPS ET LA MOITIE D'UN TEMPS... Quarante deux mois, mille cent vingt cinq jours...

Apocalypse 12,6   Et la femme s'enfuit dans le désert, où elle avait un lieu préparé par Dieu, afin qu'elle y fût nourrie pendant **mille** deux cent soixante jours.

Daniel 12,12 Heureux celui qui attendra, et qui arrivera jusqu'à **mille** trois cent trente-cinq jours!

L'église symboliser par La Femme ou encore l'Epouse.

CHAPITRE N°III

Apocalypse 1.7

« Il vient sur les nuées… »

Apocalypse 1,7 Voici, il vient avec les nuées. Et tout œil le verra, même ceux qui l'ont percé ; et toutes les tribus de la terre se lamenteront à cause de lui.

Ap 1,8 Je suis l'alpha et l'oméga, dit le Seigneur Dieu, celui qui est, qui était, et qui vient, le Tout-Puissant.

Le temps de l'apostasie nous ai détaillé dans les chapitres précédents, l'heure de la décision étant accompli, maintenant nous arrivons à l'heure de tout œil le verra... Certains prétendent qu'il n'y aura pas un premier tant de fin... Ce temps de fin concernera ceux qui auront fait le choix de donner leur vie au maître de la vie. Le temps de l'accomplissement de tout leur espoir, le temps du soulagement et de la séparation.

Les Saints de Dieu, ceux qui ont lavés leurs robes, leurs vies dans le sang de l'agneau, ceux qui traqués, maltraités, humiliés, avilit, amoindrit, sous estimer. Ceux qui ont été haït de tous mais aimer de Dieu. Mort pour le monde mais ressuscité en la vie de christ. Ce petit reste qui gardera avec détermination la confiance, la foi dans les promesses du Grand Dieu tout Puissant.

Celui qui était, qui est, et qui vient. L'heure des derniers messages avant l'avènement du Roi des rois, le temps ou toutes les recommandations sont énoncés, entendues.

Temps de l'évaluation personnel de chacun, la température, qui détermine à l'avance si tu es chaud ou froid. Sept messages reçu par les anges devront être transmit d'une manière ou d'u ne autre.

Nous commencerons par les églises, puisque que leurs chefs ont la responsabilité première de paître, enseigner la vérité.

QUE CELUI QUI A DES OREILLES ECOUTE CE L'ESPRIT DIT AUX EGLISES !

Apocalypse 2.3 à l'ange de la première église, " *Tu as de la persévérance, tu as souffert à cause de mon nom et tu ne t'est pas lassé. Mais j'ai contre toi, que tu as abandonné ton premier amour, souviens-toi donc d'où tu es tombé.*

Apocalypse 2.5 *Repens-toi et pratique tes premières œuvres, sinon je viendrais à toi et j'écarterais ton chandelier de sa place, à moins que tu ne te repentes...*

Les œuvres, sans amour, ne seront point pris en compte, tous ceux qui diront Seigneur Seigneur par les œuvres ne seront point reçus.

Les œuvres sans amour sont la conséquence directe de l'orgueil, du moi qui pense être capable, et redevable.

Romains 3.20 *Car nul ne sera justifié devant lui par les œuvres de la loi, puisque c'est par la loi que vient la connaissance du péché...*

Romains 8.24 *Car c'est en espérant que nous avons été sauvés.*

Jean 3.5 *en vérité si un homme ne naît d'eau et d'esprit, il ne peut entrer dans le royaume de Dieu.*

Nombreux sont ceux qui pensent fortement qu'à force d'œuvre et de sacrifices sous la direction du moi, seront reçus d'office. Romain 8.3 dit que la loi " l'œuvre" à perdu sa force à cause du pouvoir de la chair.

Rom 8,3 Car chose impossible à la loi, parce que la chair la rendait sans force, Dieu a condamné le péché dans la chair, en envoyant, à cause du péché, son propre Fils dans une chair semblable à celle du péché,

Viens à moi tel que tu es dit le Seigneur, et le Saint-Esprit fera une œuvre parfaite en toi, et de par toi. Tout le mérite et la gloire seront dus à la grâce du don de christ. L'amour d'être serviteur et non-maître. L'œuvre principale sera d'être humble et rempli d'amour.

Dans le chapitre *13 de Jean* si vous prenez le temps de le consulter vous pourrait comprendre combien il est enrichissant d'être serviteur, et non-maître. Jésus a été jusqu'à laver ces disciples, symbole de soins et d'amour.

*Apocalypse 2.4 **Mais, j'ai contre-loi que tu as abandonné oublié ton premier Amour.***

LE but, la cause qui t'a conduit jusqu'à christ. Tu étais faible et détruit intérieurement, et l'amour de christ ton premier contacte t'a régénéré, combler. Maintenant que l'orgueil de la réussite est entré, tu as oublié les raisons qui ton conduite à Jésus et **il** est devenu pour toi la chaire sur laquelle tu dépose ta bible.

Un instrument d'une nécessité vil ou sans grande importance, un verre que tu utilise pour porter à ta bouche se liquide de l'orgueil qui est maintenant l'essence de ta vie. **Dieu dit repens-toi...**

Apocalypse 2. 6 : Cependant tu as ceci pour toi, *c'est que tu as de la haine pour les œuvres des Nicolaïtes ceux qui vivent dans le dérèglement des mœurs, pour lesquelles, moi aussi j'ai de la haine.*

<u>Apocalypse 2.7</u>   Que celui qui a des oreilles écoute ce que l'Esprit dit aux églises **: Au vainqueur je donnerais à manger de l'arbre de la vie qui est dans le paradis de Dieu.**

<u>Apocalypse 2.8</u>   *« à l'ange de la deuxième église... » Je connais ta pauvreté, et pourtant tu es riche, et les calomnies de ceux qui se disent juifs ou converti, et ne le sont pas, mais qui sont une synagogue de Satan, lieu où celui-ci exerce son pouvoir de SUPERIORITE.*

*Ne crains pas se que tu vas souffrir. Voici que le diable va jeter quelque uns d'entre vous en prison, afin que vous soyez éprouvé, et vous aurez **une tribulation de dix jours**. **Sois fidèle jusqu'à la mort, et je te donnerai la couronne de la vie.**"* Je connais ta tribulations et ta pauvreté et pourtant tu es riche..."Ceux qui servent Dieu fidèlement, ne s'attachent pas aux doctrines d'hommes. L'homme sur la chair reste et restera toujours un homme.

Celui à qui nous devons fidélité, reconnaissance, confiance, C'est Jésus. « *Donne à césar se qui revient à césar et donne Dieu se qui lui revient de plein droit* » La fidélité, la persévérance pour supporter les tribulations, « les critiques, l'injustice ». Mais La persévérance n'est pas égale à la fidélité, l'on peut être persévérant sans pour cela être fidèle.

Fidèle qui garde et conserve les promesses et qui obéit contre vent et marrée au conseilles ou commandements de Dieu. La pauvreté physique n'est que pour un temps, l'on peut être pauvre physiquement et extrêmement riche spirituellement, car là est ton trésor là aussi sera ton cœur.

Mt 6,21   Car là où est ton **trésor**, là aussi sera ton cœur.

Les biens matériels ne sont pas pour l'enfant de Dieu un signe de réussite. Bien au contraire ces acquissions font très souvent le malheur de leur propriétaire, car ces individus riches en apparence, imaginent très souvent être au-dessus de tous, grâce leur biens matériels, alors que spirituellement se sont des êtres tourmenter par leur nature insatiable.

Apocalypse 2. 11 **Que celui qui a des oreilles écoute ce que l'Esprit dit aux églises ! Le vainqueur ne sera point touché par la Seconde mort.**

Apocalypse 2.12 " *Je sais ou tu demeure ; là est le trône de Satan. Tu retiens mon nom, et tu n'as pas renié ma foi, même aux jours où Antipas* *mon témoin fidèle, a été mis à mort chez vous, là où demeure Satan. **Mais j'ai contre-loi certain griefs** : tu as là des gens qui maintiennent la doctrine de Balam* ; il enseignait à Balaq à faire en sorte que les fils d'Israël trouvent une occasion de chute en mangeant des viandes sacrifiées aux idoles et ne se livrant à la débauche...*

Repens-toi donc, sinon je viendrais à toi bientôt, et je les combattrai avec l'épée de ma bouche". « La sainte parole »

Le trône de Satan Apocalypse 13.2 "Le Dragon le serpent ancien le Diable lui donna sa puissance, son trône..." le chapitre précédent vous parle en détaille de celui qui est assis sur le trône de Satan celui qui est symboliser dans ce livre comme étant la bête. Si vous comprenez qui est la Bête vous comprendrez également ou se trouve le trône de Satan. Unité religieuse qui détient le pouvoir et qui symbolise, la fausse image de dieu sur terre.

Doctrine de Baalam. Qui consomme, et mange des viandes sacrifié à d'autre Dieu sous prétexte de tradition ancestrale, mêlé à votre doctrine.

Même le peuple qui se prétend de Dieu assiste à certains festins, des coutumes qui engendrent des maux graves. Ces pratiques, ses sacrifices sont faits en l'honneur de d'autres dieux terrestre derrière lesquels se cache des démons. Dans notre pays ces festins coutumiers sont organisé dans un but bien précis « des demandes inaccessibles » en réalité et qui peuvent être exaucé qu'avec du sang verser des « sacrifiés ». Qui vous remette dans le contexte de ce verset.

Deutéronome 18,10 Qu'on ne trouve chez toi personne qui fasse passer son fils ou sa fille par le feu, personne qui exerce le métier de devin, d'astrologue, d'augure, de magicien,

La **DEBAUCHE** qui entraine le non respect et le dérèglement. Pour ne citez que ces quelque versets en autres.

Rom 8,12 Ainsi donc, frères, nous ne sommes point redevables à la chair, pour vivre selon la chair.

Rom 8,7 car l'affection de la chair est inimitié contre Dieu, parce qu'elle ne se soumet pas à la loi de Dieu, et qu'elle ne le peut même pas.

Rom 8,8 Or ceux qui vivent selon la chair ne sauraient plaire à Dieu.

Rom 8,9 Pour vous, vous ne vivez pas selon la chair, mais selon l'esprit, si du moins l'Esprit de Dieu habite en vous. Si quelqu'un n'a pas l'Esprit de Christ, il ne lui appartient pas.

Apocalypse 2.17 " **Que celui qui à des oreilles écoute ce que l'esprit dit aux églises! Au vainqueur, je donnerai de la manne cachée et**

un caillou blanc ; sur ce caillou est écrit un nom nouveau que personne ne connaît, sinon celui qui le reçoit.

Apocalypse 2.18... *Je connais tes œuvres, ton amour, ta foi, ton service, ta persévérance et tes dernières œuvres plus nombreuses que les premières.* ***Ce que j'ai contre toi, c'est que tu laisse la femme Jézabel****, qui se dit prophétesse, enseigner et séduire mes serviteurs, pour qu'ils se livrent à l'inconduite et qu'ils mangent des viandes sacrifiées aux idoles.*

La femme Jézabel.

Femme dont l'histoire se trouve dans le livre des Rois, qui fût marié à un Roi d'Israël *Achab* et qui fit se qui était mal aux Yeux de Dieu pousser par sa femme. Dieu s'adresse à cette dénomination ou église qui, donne ou permet à certaines femmes car Dieu pour cet avertissement choisit Jézabel parmi d'autre qui ont entravés les plans de Dieu. *Pour* bien comprendre qu'il met l'accent dans cette lettre. L'exemple de Jézabel se situe, dans le faite qu'elle était lié, marié à un chef Élu, sur le peuple oint.

Cette femme laissant son rôle d'épouse de partenaire afin pousser par manque de sagesse l'homme choisit par Dieu, pour une mission, à commettre le sacrilège de la désobéissance qui conduit à l'affrontement. Cette femme, le verset suivant nous montre sa détermination à combattre l'œuvre de Dieu.

1. Rois 21,25 Il n'y a eu personne qui se soit vendu comme Achab pour faire ce qui est mal aux yeux de l'Eternel, et Jézabel, sa femme, l'y excitait.
Cette femme ne se contenta pas d'exciter simplement son Époux, mais elle commit des actes atroces, en autre le péchés de l'idolâtrie alors que son époux était un Roi d'Israël, qui reçut des directives de Dieu, **pour son peuple.** Elle alla jusqu'à tuer des prophètes de Dieu, et sa fin fût à la mesure de ces actes. Dieu annonça sa

sentence et sa parole s'accomplirent sur la vie de cette femme.

II rois 9.36 " *C'est la parole que l'Eternel avait prononcé par l'intermédiaire d'Élie le Tichnite, en ces mots : Les chiens mangeront le chair de Jézabel dans la campagne, dans le champ de Jezréel, de sorte qu'on ne pourra plus dire : c'est Jézabel...*

L'explication selon L'Esprit, c'est que dans certaine église, à notre époque, les femmes sont mises en avant sans discernement. Les motivations sont peut être équitables, mais non fonder sur la volonté parfaite de Dieu. Se qui entraine par conséquent des actions très grave et qui se répercuter sur un bon nombre. Elles entrent et empiètent sur des ministères qui ne sont pas les leurs, et dont elles n'ont pas reçu l'appel.

Cela comprend donc, que Dieu appel aussi des femmes pour des ministères bien établis, il est le seul à savoir ou et surtout comment utilisés les femmes appelés. Le plus important reste la sagesse et la discipline qu'elles doivent tenir pour que l'œuvre pour laquelle elles seront ointes, afin de ne point dévier sur leurs propres désirs, car la femme à un caractère beaucoup plus impétueux que l'homme.

Pour demeurer sur l'ordre établi. Certain pasteurs sont donc appelés et instituer comme berger responsable. Le ministère est établit par Dieu. Celui que Dieu a choisit pour son peuple, comme l'a été David, Salomon et bien d'autres.

Ces pasteurs comme l'a fait le roi Achab l'exemple pris, dans leur faiblesse pour leur épouse, se laisse dérouter, au point que dans certaines églises l'homme debout n'est pas celui qui tient les rennes, il exécute non point la volonté de son Dieu, mais accompli les Désirs de sa femme. Ce qui a été le cas d'Adam, qui a choisit délibérément de désobéir à Dieu, et a laisser sa femme atteindre les promesses et les bénédictions divines. Il a été souligné en lisant ce passage, que la femme n'était pas encore créer lorsque Dieu donna à Adam les ordres primordiaux.

Genèse 2,16 L'Eternel Dieu donna cet ordre à l'homme: Tu pourras manger de tous les arbres du jardin;

Gn 2,17 mais tu ne mangeras pas de l'arbre de la connaissance du bien et du mal, car le jour où tu en mangeras, tu mourras.

La même erreur, se répète fatalement. Un et appelé et l'autre doit être partenaire et non responsable « **aussi** » il ne peut y avoir deux chefs, dans un ministère. Celui qui a reçu de Dieu des ordres se doit d'exiger s'il le faut, que son autre moitié puisse appliquer, et tenir ferme pour ne pas se laisser dérouter par « amour inconsidéré ».

Laissez certaines femmes monter sur la chair dans leur état de rébellion, sous prétexte pour certaines d'avoir reçu une parole du Grand Dieu, d'où la phrase « *qui se dit prophétesse* ». *C'est le piège.*

Et le résultat est là, ce qui conduit inévitablement à la **corruption,** l'**Idolâtrie** qui est également symboliser par de l'adultère, *que nous explique si bien Romain 10.*

La sentence de Dieu, qui est en premier lieu un avertissement pour ceux qui comprenne se message, et qui sont concerner par cette état de fait.

Premier conseille, Ne jouer point à ce jeu qui consiste à dire cela ne me concerne pas, alors que c'est le cas, tous les signes sont là, pour vous convaincre que vous êtes un homme dominé, et la sanction serait sans appel, car être oint comme conducteur du peuple de Dieu exige une grande responsabilité qui vous met en danger, si l'œuvre est mal conduite.

Apocalypse. 2.23 **Je frapperai de mort** ses **enfants ; toutes ces églises connaîtront que moi, je suis celui qui sonde les cœurs et les reins, et je vous rendrai à chacun selon vos œuvres.**

Et à ceux Dit Dieu, qui se seront gardez de ces Doctrines... Et qui n'ont pas connu les profondeurs de Satan... **Tenez ferme, jusqu'à ce que je vienne.**

Apocalypse 2.26 **Au vainqueur, à celui qui garde mes œuvres jusqu'à la fin je donnerai autorité sur les nations.**

LA RIGUEUR EST SOURCE DE VICTOIRE.

Apocalypse 3.1: Écris à l'ange de l'église de Sardes : Voici ce que dit celui qui a les sept esprits de Dieu et les sept Étoiles:

Je connais tes œuvres : tu as le renom d'être vivant, mais tu es mort. Sois vigilant et affermis le reste qui allait mourir, car je n'ai pas trouvé tes œuvres parfaites devant mon Dieu. Rappelle-toi donc comment tu as reçu et entendu (la parole), garde-la et repens-toi. Si tu ne veille pas, je viendrai comme un voleur et tu ne sauras point à quelle heure je viendrai te surprendre.

Comme pour la première église l'esprit dit je connais tes œuvres, tu donne l'image de la spiritualité, de celle qui est dans la volonté parfaite de Dieu, en proférant messages sur messages»

Ainsi, l'Esprit de Dieu dit, toutes tes œuvres ne sont pas parfaite devant mon Dieu car, ce que tu fais n'ai point pour la gloire de Dieu, mais tes actions bien étudier ne sert en faite que tes propres intérêts.

Tu as pensé bien faire, mais l'Esprit de Dieu n'a point attesté ni donner son approbation.

De ce faite tout ce que tu fais par toi n'est donc que le résultat de la mort et la perdition de ceux qui suivent le berger ou pasteur en apparence.

Car, tout ce que l'homme dirigé par son moi cherche à exécuter ne peut produire la vie même lorsqu'il se persuade que c'est pour Dieu.

L'œuvre de préparation ne peut être exécuté que par le Saint-Esprit de Dieu au travers d'une vie humaine totale dépouiller, pour une œuvre parfaite. Il est le seul à détenir toute la vérité sur les détailles et la manière exécutive, afin d'actionner le processus pour un résultat plus que parfaite pour la Gloire de Dieu.

A notre époque l'exemple le plus saillant, « inacceptable » se trouve être celui de ces dirigeants qui combattent férocement le Don du Saint-Esprit et ses manifestations, ses fruits. *Corinthien 14* nous en parle simplement.

1. **Cor 14,2**   En effet, celui qui parle en langue ne parle pas aux hommes, mais à Dieu, car personne ne le comprend, et c'est en esprit qu'il dit des mystères.

« Rappelle-toi donc comment tu a reçu et entendu la (parole)... » Sans l'action du Saint-Esprit, nul ne peut entendre l'appel du Dieu vivant. Sans son effusion nul ne peut être, ni guérie, ni régénérer, ni transformer... C'est de lui que découle toutes les actions de l'œuvre parfaite que Dieu accompli dans chaque homme, qui accepte le don gratuit de la vie en Jésus. Le souffle qui crée " *Que la lumière soit et la lumière fut"*.

La puissance de Dieu qui Agit, il choisit des hommes des femmes qui ne sont peut-être pas de vos églises, mais qui ont reçus un ordre pour des messages d'amour en premier lieu. Même pour les exhortations et surtout pour elles, il faut l'amour du prochain et la discipline, l'obéissance à l'Esprit pour que tout soit fait de manière exceptionnel.

La grande interrogation ! Est la suivante. Comment certains PASTEURS arrivent-ils à humilier certains envoyés, par manque de discernement, preuve d'un grand manque de consécration. Comment peuvent-il pousser, arrêter, attrister, sans aucune crainte l'œuvre qu'ils ne conçoivent pas.

Un verset concernant tout blasphème contre le Saint-Esprit de Dieu.

Mt 12,31 C'est pourquoi je vous dis: Tout péché et tout **blasphème** sera pardonné aux hommes, mais le **blasphème** contre l'Esprit ne sera point pardonné.

Jésus dit de lui :

Jean 15,26 Quand sera venu le **consolateur**, que je vous enverrai de la part du Père, l'Esprit de vérité, qui vient du Père, il rendra témoignage de moi;

Ephésien 4,3 efforcez-vous de conserver l'unité de l'esprit par le lien de la paix.

Eph 4,4 Car Il y a un seul corps et un seul Esprit, comme aussi vous avez été appelés à une seule espérance par votre vocation;

Ephésien 4,30N'attristez pas le Saint-Esprit de Dieu, par lequel vous avez été scellés pour le jour de la rédemption.

Eph 4,31   Que toute amertume, toute animosité, toute colère, toute clameur, toute calomnie, et toute espèce de méchanceté, disparaissent du milieu de vous.

Certains refuse d'obtempérer, de se laisser guider et conduire par cette puissance que nul homme ne peut contrôler. *"Le vent souffle, mais nul ne sait d'où il vient ni ou il va"*.

Ces individus qui sont des dirigeants, sous-entendent que les actions et l'effusion de l'esprit, c'était du temps des Apôtres, et cela n'est plus valable à notre époque.

Trois versets pour signaler à tous ceux qui soutiennent de tel propos.

Marc 16,17 Voici les miracles qui accompagneront ceux qui auront cru: en mon nom, ils chasseront les démons; ils parleront de nouvelles langues;

Jean 14,12 En vérité, en vérité, je vous le dis, celui qui croit en moi **fera** aussi les ouvres que je fais, et il en **fera** de plus grandes, parce que je m'en vais au Père;

1. Corinthien 13,10 mais quand ce qui est parfait sera venu, ce qui est partiel disparaîtra.

Corinthien 13 lorsque ce qui est parfait sera venu tous ces dons disparaîtront...Jésus n'étant pas encore revenu les dons les actions de l'esprit sont plus que jamais à l'ordre du jour. Je répandrais de mon Esprit sur toute chair dans les derniers TEMPS, et les enfants et les vieillards seront utiliser efficacement. Afin que nul ne se glorifie de son moi!

Ap 3,4 Cependant tu as à Sardes quelques hommes qui n'ont pas souillé leurs vêtements; ils marcheront avec moi en vêtements blancs, parce qu'ils en sont dignes.

Certains au milieu de ces églises n'ont point abandonné, et non point souiller leur vie dans cette rébellion, Cette petite église peu puissante, est à notre époque ce petit nombre d'homme et de femmes de prières qui persévèrent, se rencontre en toute simplicité, avec le désir profond d'aller plus loin dans l'amour du Dieu divin. Se sont ceux qui ont le vouloir et la persévérance de maintenir les valeurs spirituelles en avant. Qui reste hors de la portée des doctrines des derniers temps ! Qui par le courant terrestre se sont laisser prendre par le modernise d'où la corruption à fait son entrer !

A ces églises, dans leur simplicité, d'où la phrase, tu à peu de puissance, car le nombre de tes membres n'est élevé, mais par ton amour et ta persévérance, tu continu de croire, et d'espérer, en ton Roi.

Dieu dit: J'ai mis devant une porte ouverte que nul ne peut fermer. Par la quel tes demandes passeront pour être immédiatement traité puis exaucer. Par cette porte ouverte sur le ciel descendons par ton simple appel, car tu es peu puissante, l'armée céleste qui combattra ceux qui oseront s'élever contre toi, ceux qui sont en faite, des gens de la synagogue de Satan, qui se disent juifs et ne le sont pas, car ils mentent. Voici je ferais les venir se prosterner *à tes pied et reconnaître que je t'ai aimé.* Les gens de la synagogue qui se disent juifs, ces hommes et ces femmes conduit par leur moi, sous l'influence du Diable.

Jean 16,2 Ils vous excluront des synagogues; et même l'heure vient où quiconque vous fera mourir croira rendre un culte à Dieu.

EUX qui dirigent des assemblés gigantesques et qui par leurs paroles, chercher à détruire tous ceux qui ne leur sont point semblable. *Dieu dit je les livrerais et les ferait se prosterner devant toi.* A cause des œuvres que j'accomplirais au milieu de toi et autour de toi.

Cette église et celle que Dieu prend sous son aile, l'épouse Qu'il préparer dans la simplicité, avec amour. Dont les fruits et la persévérance, que nous symbolise la parabole des cinq vierges, dont les lampes étaient rempli d'huile. Et qui ont attendues le maître avec foi en veillant, et n'étant point distraite par les choses et les festivités de ce monde.

Tout ceux qui veulent s'endurcir et demeurer sur leur pied d'installé la chaire. L'esprit dit que la chute sera dur, dans l'étang de feu ! La mort Eternel.

Le vainqueur dit le Seigneur sera revêtu d'un vêtement blanc, et son nom ne s'effacera point du livre de vie, et le Seigneur dit je confessais son nom devant mon Père et ses anges, (je serais son avocat) devant le trône du Jugement dernier lorsque les livres de vie seront ouverts.

Toute assemblée d'homme est considérer comme une église, dés l'instant que le nom du Seigneur est invoquer en toute sincérité.

Mt 18,20   Car là où deux ou trois sont **assemblés** en mon nom, je suis au milieu d'eux.

Ce petit reste, Petit nombre, peu d'élus, pourtant beaucoup d'appelés... Ce n'est pas tous ceux qui disent Seigneur qui entreront, étroite et resserré est la porte et peu nombreux sont ceux qui entreront.

Ce petit reste qu'il épargnera lors de l'épreuve, qu'il nourrira un temps des temps et la moitié d'un temps, celui qu'il éleva à sa rencontre lors de son avènement...

Cette église que formeront ceux qui resteront discipliner à la volonté parfaite du grand Divin. L'assemblage d'hommes et de femmes ne formant qu'un cœur et qu'une seule âme comme pour les disciples réuni dans la chambre haute à l'accession, l'effusion du Saint-Esprit. Ou encore l'exemple des vierges sages.

Apocalypse 3.11 *Je viens bientôt. Tiens bien ferme se que tu as, afin que personne ne prenne ta couronne.*

Apocalypse 3.14 *Écris à l'ange de l'église de Laodicée Voici ce que dit l'Amen, le témoin véritable, l'auteur de la création de Dieu :*

Je connais tes œuvres : tu n'es ni froid ni chaud. Si seulement tu étais froid ou bouillant ! Ainsi parce que tu es tiède et que tu es ni froid ni bouillant, je vais te vomir de ma bouche. Parce que tu dis que je suis riche et je n'ai besoin de rien, parce que tu ne sais pas que tu es malheureux, misérable, pauvre, aveugle et nu, je te conseille d'acheter chez moi l'or éprouver par le feu, afin que tu devienne riche, et des vêtements blancs, afin que tu sois vêtu et que la honte de ta nudité ne paraisse pas, afin que tu voies. Moi je reprends et je corrige tous ceux que j'aime. Aie donc du zèle et reprends-toi.

CHAPITRE IV

LA JOIE - L'AMOUR - La PAIX

Tout est accompli concernant l'appel, tous ceux qui sont inscrit sur le livre de la vie ont entendu le premier signale qui annonce la victoire final. « TOUT EST ACCOMPLI » va être prononcé dans un laps de temps, puisque les évènements semblent s'accélérer. Jésus revient, il est déjà là.

1Thes 4,16 Car le Seigneur lui-même, à un **signal** donné, à la voix d'un archange, et au son de la trompette de Dieu, descendra du ciel, et les morts en Christ ressusciteront premièrement.

Tous ceux qui ont fait vœux et qui par conséquent se sont laisser préparer pour se grand et ultime voyage, ils chantent déjà le chant de la victoire. Car dans leur cœur, ils ont reçus de la part du Saint-Esprit les nouveaux cantiques, les hymnes qui proclament l'air de la fin de la souffrance et le

Début du Bonheur. Le temps à passer et tout les promesses prennent enfin formes, la tristesse laisse maintenant la place, à la plénitude. En trois étapes suivit de conseils pratiques, afin de détailler les points forts et les principales faiblesses de chaque individu, pour emmener l'être à devenir l'Homme à la stature parfaite de christ.

Eh 4,13   jusqu'à ce que nous soyons tous parvenus à l'unité de la foi et de la connaissance du Fils de Dieu, à l'état d'homme fait, à la mesure de la **stature** parfaite de Christ,

Trois études afin acquérir les dernières formalités pour accéder au rang de saint de Dieu. « Les dernières révélations » vous aideront pour ceux qui ont l'esprit indécis concernant la bonne décision à prendre.

Ce livre aura pour principale objectif, de pousser, de montrer et plus encore de révéler pour mieux comprendre se qui attend en mots simples, les hommes et leur système. Mais par-dessus tout il montrera, la vraie réalité et les vrais l'objectif des marques. Les deux ouvrages suivants, vous parferont.

« *Les KIT DU PARFAIT COMBATTANT – MARCHE VERS LA GLOIRE* »

Il a été énoncé trois sentiments pour élaborer et entrer dans le sujet concerné. Nous mettrons l'accent, sur ces trois sentiments que sont, la joie, l'amour, et la paix. Trois sentiments clés qui produiront en vous, après acquisition le bouillonnement de l'être intérieur qui est la clé à laquelle s'appliquera, se verset « *si tu n'es ni chaud ni froid...* »

Le Jour du Seigneur sera cruel pour tous ceux qui garderont l'espoir d'accéder au royaume céleste, sans avoir été au préalable totalement dépouillé, de cette nature déchus.

Gal 5,4   Vous êtes séparés de Christ, vous tous qui cherchez la justification dans la loi; vous êtes **déchus** de la grâce.

La joie, l'amour, et la paix seront votre conviction et votre détermination en la valeur sûre, qu'est l'acquisition de la vie éternelle en Jésus seul « la grâce » Aucun autre sentiment mêler à ceux-ci ne pourront nous garantir la pleine acquisition de se droit, qui nous a été octroyer par Amour, dans la paix, avec une joie profonde de la victoire sur les œuvres du Déchus qui voulait séparer l'être de son créateur. « *Fessons l'homme à notre image... »*

Gn 1,26 Puis Dieu dit: Faisons l'homme à notre image, selon notre ressemblance, et qu'il domine sur les poissons de la mer, sur les oiseaux du ciel, sur le bétail, sur toute la terre, et sur tous les reptiles qui rampent sur la terre.

« **Je** » c'est effacé pour laisser la place à *lui,*

Gal 2,20 J'ai été crucifié avec Christ; et si je **vis**, ce n'est plus moi qui **vis**, c'est Christ qui vit en moi; si je **vis** maintenant dans la chair, je **vis** dans la foi au Fils de Dieu, qui m'a aimé et qui s'est livré lui-même pour moi.

Et dans cette état d'âme renouveler, l'Ascension vers d'autre cieux, ce nouveau monde nous partiront après avoir revêtu l'enveloppe de l'immortalité, vers ce royaume ou la corruption et son désordre n'on aucune place.

1. Cor 15,52 en un instant, en un clin d'œil, à la dernière trompette. La trompette sonnera, et les morts ressusciteront incorruptibles, et nous, nous serons **changés**.

Cela paraît difficile à imaginer, mais la parole est claire et l'Esprit affirme que c'est la vérité. Il arrive, ce temps où tout va basculer dans l'irréalité.

Ce temps Où les choses vont prendre une autre tournure, une autre vitesse, dans cette folie vertigineuse, nombreux seront les victimes, dans ce monde irréel, et totalement m a n i p u l e r.

Pour l'autre partie, ceux qui auront acquis, l'intelligence et la discipline de rigueur, pour pouvoir sortir du lot, être passé pour des rétrogrades, afin d'hériter le droit d'être sous la protection et la direction du grand Divin, l'Eternel des armées.

Assujettis ou victorieux ! C'est le temps de faire un choix judicieux et important **maintenant,** car demain sera trop tard. Car chaque jour qui passe est un jour en moins et qui nous rapproche irrémédiablement, de la promesse de l'apocalypse 1.

Apocalypse 1,3   Heureux celui qui lit et ceux qui entendent les paroles de la prophétie, et qui gardent les choses qui y sont écrites! Car le temps est proche.

Ce chapitre de *Romain 8*, vous donnera, du moins pour ceux qui l'accepteront réellement. Il concrétisera et affirmera, que la tâche que Dieu veut accomplir maintenant en vous, prend son Ascension dans ces quelques conseilles pratiques, que nous devons appliquer à la lettre, pour donner à l'Esprit la matière essentiel pour commencer le modelage.

Et l'œuvre est le suivant, les étapes de travail de l'Esprit vont de paire avec les ordres qu'il reçoit de Dieu pour chacun individu, en particulier.

Rom 8,26 De même aussi l'Esprit nous aide dans notre faiblesse, car nous ne savons pas ce qu'il nous convient de demander dans nos prières. Mais l'Esprit lui-même intercède par des soupirs inexprimables;

Et ceux qu'il a prédestinés...Ils les appellent, il les justifie et ensuite il les glorifie. Mes brebis dit Jésus entendent voix.

Jean 10,27 Mes brebis **entendent** ma voix; je les connais, et elles me suivent.

Dieu ne pourra agir, ni l'Esprit entrer à l'œuvre dans un cœur agiter, qui ne recherche pas **la paix**? Pour que l'œuvre de préparation soit effective. Le Début de cette tâche glorieuse, qui nous conduira à être glorifiés par Dieu, devra impérativement débuter par l'appel. Sans appel, il ne peut y avoir d'action. « Ne cherchons point à convaincre des hommes et des femmes, qui n'ont pas reçu l'appel du Grand Dieu » Vous vous fatiguerez inutilement, et vous perdrez un temps précieux sur l'œuvre que Dieu veut d'abord opérer en vous. Le Salut est personnel, lorsque Dieu nous utilisera cela comprendra, qu'il a déjà accompli en premier lieu, le miracle dans la vie de celui ou celle vers lesquels il nous conduira, pour une action précise du Saint-Esprit, au travers de votre vie, afin que vous compreniez bien et gardez à l'esprit, que nous ne sommes et resterons que des instruments, entre les mains du   Grand Créateur, le très Haut.

La paix, l'amour et la joie sont essentiel pour un terrain favorable, le champ d'action de l'esprit dans notre vie. Donc en conclusion de ce chapitre. La paix pour entendre l'appel, l'amour pour gardez les commandements et les instructions de l'Esprit, et viendra ensuite, la joie d'un travail réussi. Le plaisir qui fait de l'Eternel nos délices pour...

LE CHANT DE LA VICTOIRE

Qui sont ceux qui entonneront ces chants de liberté et de délivrance. Qui sont-ils ou plutôt d'où viennent-ils, l'apôtre Paul ravit en esprit dit :

Ap 7,9 Après cela, je regardai, et voici, il y avait une grande foule, que personne ne pouvait compter, de toute nation, de toute tribu, de tout peuple, et de toute langue. Ils se tenaient devant le trône et devant l'agneau, revêtus de **robes** blanches, et des palmes dans leurs mains.

Se peuple qui vient de toute les nations, de par le monde, sans étiquette ni religions, ni congrégation, des hommes et des femmes de toutes religions confondus, qui ont lavés leur vies symboliser par « la robe blanche ». Ces hommes et ces femmes qui après tant de souffrance, dues à la grande tribulation au travers de laquelle ils ont gardés leur yeux fixé sur les promesses du Grand Roi. Ceux qui ont gardés ses promesses pour un avenir Glorieux en Jésus seul, « le seul chemin qui conduit vers se royaume et ces richesses ».

<u>L'Agneau qui est au milieu du trône les fera paître et les conduira aux sources des eaux de la vie, et Dieu essuiera toute larme de leurs yeux.»</u>

Les Douleurs

J'affirme et confirme en ma qualité de servante que les douleurs il en faut, le sens de se mot peut avoir de nombreuses traductions, l'intensité de ces douleur peuvent être défini sur plusieurs critères, mais le résultat ou du moins la récompense après tant de peines, sera certain.

2Tim 2,12 si nous **persévérons,** nous régnerons aussi avec lui; si nous le renions, lui aussi nous reniera;

Le sentiment qui qu'il faudra lutter contre et deman-der à l'Esprit d'évacuer.

LA RANCŒUR

Occasionner très souvent par le rejet dans toute sa force cette plaie **ne se colmate point, ne guérie pas si l'Esprit n'intervient pas.**

Premier sentiment qu'elle entraîne : le dégoût de vivre, l'amertume contre autrui, les pleurs enfouis qui n'arrive pas à sortir et vous fait monter votre tension artérielle. La tristesse qui vous assombrie le visage et le fait noircir, le découragement qui vous fait devenir un zombi, vous vivait extérieurement, mais intérieur la mort s'installe sûrement.

Le manque de joie, certains événements heureux ne vous feront plus d'effet, et pour conclure vous serez totalement démuni ayant peut être tout, mais ne possédant pas l'essentiel :

La vie dans la joie et l'amour de son prochain.

La rancœur est le sentiment le plus efficace dont l'ennemi de nos âmes se servira comme une arme principale et efficace, pour détruire, la créature de Dieu en priorité.

Sans joie vous êtes froid. Froid considère que vous ne connaissez pas Dieu et tout ce qu'il a accompli, mais chaud nous vous invitons à le vivre maintenant.

Le chant de la victoire le signale qui annonce l'arrivée de l'époux.

Lecteur si tu as suivit ces leçons en accélérer afin de te préparer, Maintenant le temps est arrivé pour la célébration. D'un cœur libre sans le poignard (la rancœur) le Saint-Esprit te guidera te conduira car il est la louange, les clameurs, la joie, la vie…

CHAPITRE N° V

« S'il faut le brisement... pourquoi pas ! »

S'il faut le brisement de l'être extérieur pour atteindre toutes ces promesses, et que la préparation soit faite, car après énonciation de tout ces avertissements. Il est inconcevable d'atteindre cette stature sans l'intervention de l'Esprit de Dieu, et l'aide de ceux que Dieu à préparer pour certains accompagnements difficile.

Le brisement la phase dans laquelle votre être entier est totalement démuni de toute volonté, de force physique. Ce passage qui est l'explication réel de ce verset du **psaume 23** *« quand je marcherais dans la vallée de l'ombre de la mort je ne craindrais aucun mal car ta houlette et ton bâton me rassurerons ... »*

Ta houlette et ton bâton, ces deux expressions semblent ne pas avoir beaucoup sens, si nous les traduisons dans le contexte donné. Mais leur vrai sens dans la souffrance de cette vallée se passage obligatoire. Prouve que Dieu est amour, et qu'il a un plan de révélation pour ceux qui ont un cœur ouvert.

Ta houlette et ton bâton, me rassurent l'œuvre de réconfort nécessaire, qui compte énormément lors de cette traversé « l'épreuve » de dépouillement du « moi ».

Pour être passé par cette vallée, ce creuset mon témoignage est le suivant :

Une phase tellement difficile que l'on se demande si l'on en sortira vivante, l'ombre de la mort, pour l'avoir vécu, je puis dire que ta houlette et ton bâton m'ont rassurés, ceux que Dieu envoyait pour me tenir par la main, me soutenir par les mots les mieux choisies pour produire en moi le calme dans la tempête, la foi qui voit l'œuvre, et fait confiance au créateur d'amour. Ta houlette et ton bâton ont assurés, j'ai pu passer cette épreuve avec succès. L'amour a triomphé, ce sentiment si fort produit par le pouvoir du Saint-Esprit, entre les êtres pourtant pas liés par des liens de chair mais ceux de l'esprit. Tellement de sentiments indescriptibles

J'ai été gravement malade pour la gloire, je le dit aujourd'hui avec du recule car dans l'épreuve, beaucoup de larmes sont versés, incompréhension sur le moment, douleur, affaiblissement, peur. Alors que j'étais enceinte j'ai eu une grave anémie pour laquelle il fallut que je sois perfusé et que je reçoive un don de sang, pour éviter une grosse hémorragie qui avait débuté par des saignements de nez.

Enceinte de 6 mois imaginer un peu mon inquiétude sur le moment, dans cette état mon seul choix fût d'accepté de tout lâcher entre les mains du Dieu vivant et vrai, car cette épreuve était lourde à gérer. Sur ce lit d'hôpital un soir j'étais prête à m'en aller en route vers les cieux j'ai senti l'ombre de la mort, tellement j'étais affaiblit, et ta houlette et ton bâton étais là, **il** a utilisé leurs bras pour me rassurer, **il** a mis en eux les mots précis pour m'encourager. Mobiliser dans la prière, leur foi en notre faveur

« mon bébé et moi », renversa un à un tout mes doutes et les diagnostics des docteurs perplexes, et quelque peu dépassés par mon cas.

Mes plaquettes en chutes libres, se sont stabilisés et sont ensuite remonté aussi vite, qu'elles étaient descendues. Ces spécialistes, me posèrent des questions attendant de moi la réponse à un tel revirement de situation, puisqu'ils n'ont point trouvé de réponse dans leur recherche et analyses. Pour expliquer Il est celui qui panse c'est lui qui guérit, tout est calculer afin que nous puissions reconnaître qu'il est réellement le Dieu le Seigneur TOUT PUISSANT.

Mais je puis vous convaincre que ta houlette, et ton bâton me rassurent, « TA et TON » se sont des être choisis par Dieu pour accomplir cette œuvre d'accompagnement que nul autre ne pourrait s'il n'est conduit par le Dieu tout puissant. « QU'IL EN SOIT BENI » incomparable, l'admirable, il est celui qu'il dit être. AMOUR en tout point pardessus tout lorsque ses enfants sont en danger.

GUADELOUPEEN DIEU EXISTE. Je suis guadeloupéenne et je témoigne de ce qu'il fait jour après jour pour moi et ma famille et ceux qu'il met sur ma route afin de leur parler de lui et de son Pouvoir d'amour.

En Guadeloupe, le Dieu vivant c'est choisi un peuple. Depuis les temps ancien nous avons entendu parler du peuple choisi par Dieu, le peuple Hébreux, les juifs, le peuple d'Israël que nous cite si bien la bible.

Mais en Guadeloupe notre petite île comme par de là le monde, ce Dieu créateur, c'est aussi choisi un petit reste qui se doit de lui être reconnaissant, pour son amour. Vient le temps des ténèbres mieux vaut chercher la lumière pendant qu'il est temps car demain sera trop tard. Si vous entendez sa voix n'endurcie par votre cœur.

Aujourd'hui même faite la démarche qui vous sauveras des fléaux avenir, car il viendra sur ce monde corrompu, « le temps de sa colère de Dieu ».

Beaucoup d'élément à notre époque marque bien que tout ce qui avait été prédit est bien entrain de s'accomplir ; lorsque l'esprit du grand nous éclaire à la lumière de la parole les saintes écritures nous voyons très bien que ce que Dieu nous a annoncer c'est la vérité. Comme vous l'avez compris, Il y a ce quelqu'un d'autre qui n'est point en retard et qui fait son œuvre, le temps lui été accordé pour séduire le plus grand nombre, de ceux qui sont idolâtre. Peuple si Dieu se choisi un peuple, qu'il lui ouvre les yeux l'averti par amour, car il n'est point partisan de la souffrance extrême, il est et demeure le créateur, pourquoi ne pas admettre qu'il est le seul capable de nous conduire grâce au Saint-Esprit dans toute la vérité, pour ce plan des ces derniers temps. Vouloir s'est s'ouvrir accepter d'être enseigner, conduit dans toute la vérité. Dans les salles de cultes de notre époques, le culte se fait surement mais il y une œuvre qui ne peut se faire sans une totale soumission des bergers, ou pasteurs. Pour annoncer les paroles de vérités il faut vouloir accepter d'être conduit, dans toute la vérité mais nos pasteurs actuels font beaucoup de compromis dans lesquels ce quelqu'un de caché y trouve un grand avantage. Un temps précieux est perdu et le mal sous toutes ses formes surtout subtile fait une œuvre certaines, « pour endormir » car souvent se sont les même messages qui reviennent sous des formes différentes, le trouble sur ces actions, et les guerres froides qui divises, et anéanti l'œuvre de la rédemption.

Cherche et tu trouveras, frappe et l'on t'ouvrira, demande et il te sera donner, tu veux connaître la vérité réclame là au Dieu tout puissant et le Saint-Esprit se chargera de te conduire dans toute la vérité.

Cet ennemi redoutable est en phase de mener à bien son plan de destruction, et un grand nombre ne le voit point. Qui est-il est sous quelque forme œuvre-t-il ?

Les NOUVELLES MARQUES SUR LE MARCHE

Représentation du DRAGON

Le Serpent ancien, Le Diable et les signes…

Ap 12,9   Et il fut précipité, le grand **dragon**, le serpent ancien, appelé le diable et Satan, celui qui séduit toute la terre, il fut précipité sur la terre, et ses anges furent précipités avec lui.

Epilogue

L'amour de Dieu se démontre, par tous ces avertissements et ces conseils, ce monde en apparence tellement admirable pour la grande majorité. Mais oubliant qu'un programme établit ce depuis des milliers d'années, concernant la fin de toutes ces choses. Aucun « Homme » ne pourra garder l'espoir de passer outre ces avertissements. Nul ne pourra avoir d'excuses valables pour attester ne pas avoir entendu. Sur terre il y a des choix à faire et le plus important de tous, sera de se positionner concernant les évènements à venir. Pour pouvoir tenir et supporter la persécution programmer, vaudrais mieux avoir compris et assimiler tout les conseils et précautions que vous pouvez également retrouvez dans d'autres édits qui développent à souhait la vérité sur les « évènements des derniers temps ».

Remerciements

A tous ceux qui ont pu par l'action de l'esprit me comprendre et m'encourager, pour accomplir cette œuvre. Je remercie je dirais bien plus je Béni tous ceux qui par leur prière ont permis à Dieu de me montrer les choses qui étaient enfouis en moi, et de surcroît, mon conduire à m'avancer pour le dépouillement. Et je remercie le Seigneur pour tous ceux qu'il m'a donné de rencontrer, et qui aujourd'hui après avoir entendu certains témoignages, se sont positionnés pour accéder au droit d'élus. Et je tiens en dernier lieu à encourager tous ceux qui garde la semence de la vie et qui la laisseront croître, sans gène. Mon souhait sera que nous puissions nous retrouver tous convier au grand festin, tous assembler d'un même cœur d'un même esprit dans cette assemblée des justes, devant la face du Dieu Tout puissant et Éternel qui accompli se grand exploit pour nous habitant de la terre. Soyez tous bénis et qu'une grâce spéciale soit accordé à tous ceux qui liront cet édit.

Et qui la partageront avec ceux qui ont du prix à leurs yeux. « La moisson et grande mais il y a peu d'ouvriers »

Mt 9,37   Alors il dit à ses disciples: La **moisson** est grande, mais il y a peu d'ouvriers.

Saint-Esprit ami fidèle et sincère, merci pour la rédaction et la révélation des choses cachés. Tu a toujours sût me soutenir, me consoler et m'encourager lorsque j'avais l'impression d'être seul.

Saint-Esprit je t'aime. La servante du grand Roi *Key*

SOMMAIRE

Autres ouvrages de la mêmes Séries et du même Auteur

LES MEDITATIONS D'un cœur Brisé

MARCHE VERS LA GLOIRE

LE KIT DU PARFAIT COMBATTANT de Key ROCOLAT

Adresses utiles

Le site

Les éditions LES FRUTIS DE L'ESPRIT

http://lfde.livepepper.com